Ο μαγικός αυλός

Modern Times

Λίγα λόγια για τη σειρά ΑΡΧΙΖΩ ΝΑ ΔΙΑΒΑΖΩ

Η σειρά βιβλίων «Αρχίζω να διαβάζω» απευθύνεται στα παιδιά που κάνουν τα πρώτα τους δειλά βήματα στην ανάγνωση. Είναι γραμμένα από συγγραφείς με εμπειρία στο παιδικό βιβλίο και με χαρούμενη ολοσέλιδη εικονογράφηση. Πρόκειται για διασκεδαστικά βιβλία που δελεάζουν τα παιδιά να διαβάσουν, αφού αναπτύσσουν τη φαντασία τους, διευρύνουν τα ενδιαφέροντά τους, ακονίζουν το μυαλό και ενισχύουν τα συναισθήματά τους. Με ευχάριστες και χιουμοριστικές ιστορίες, η σειρά «Αρχίζω να διαβάζω» θα κινήσει το ενδιαφέρον κάθε μικρού αναγνώστη. Διακρίνεται σε τρία επίπεδα-σταθμούς, επιτρέποντας στους γονείς ν' αποφασίσουν ποια βιβλία αντιστοιχούν στο γνωστικό επίπεδο των παιδιών και στις αναπτυσσόμενες δεξιότητές τους.

Σταθμός 1

Το «Πρώτη μου ανάγνωση» απαρτίζεται από βιβλία για παιδιά που μόλις ξεκινούν να διαβάζουν. Απλές, σύντομες λέξεις και γραμματοσειρά μεγάλου μεγέθους καθιστούν την ανάγνωση εύκολη και ευχάριστη διαδικασία. Τα στοιχεία που βρίσκονται στις εικόνες έχουν στόχο να βοηθήσουν τα παιδιά να βρουν τις λέξεις της σελίδας. Η διαρκής επανάληψη λέξεων και εκφράσεων μέσα στο κείμενο ενθαρρύνει τους μικρούς αναγνώστες να μαντέψουν την επόμενη λέξη ή φράση, μια διαδικασία που αποτελεί σημαντικό βήμα για την ανάπτυξη της ικανότητάς τους να αναγνωρίζουν τις λέξεις.

Σταθμός 2

Το «Διαβάζω με βοήθεια» αποτελείται από βιβλία για παιδιά που διαβάζουν με την υποστήριξη των γονέων. Οι σύντομες προτάσεις, οι κατανοητοί διάλογοι και η απλή πλοκή συμβάλλουν στην κατανόηση των νοημάτων.

Σταθμός 3

Το «Διαβάζω μόνος-η μου» απαρτίζεται από βιβλία για παιδιά που διαβάζουν χωρίς βοήθεια. Με κείμενο μεγαλύτερης έκτασης και πιο δύσκολες λέξεις, τα βιβλία αυτά προορίζονται για παιδιά που κατέχουν τις βασικές δεξιότητες ανάγνωσης. Η πλοκή εξάπτει το ενδιαφέρον και την περιέργειά τους.

Οι γονείς που θέλουν να δημιουργήσουν γερές βάσεις για τις μαθησιακές ανάγκες των παιδιών τους θα βρουν στη σειρά «Αρχίζω να διαβάζω» όλα τα απαραίτητα εκπαιδευτικά εργαλεία που ωθούν το παιδί όχι μόνο να κατακτήσει την ανάγνωση, αλλά και να αγαπήσει το διάβασμα.

Ο μαγικός αυλός

Κείμενα: Anne Adeney
Εικονογράφηση: Jan Lewis

ΤΙΤΛΟΣ ΠΡΩΤΟΤΥΠΟΥ: The Pied Piper of Hamelin
Text © Anne Adeney 2005
Illustration © Jan Lewis 2005
First published in 2005 by Franklin Watts
PUBLISHED BY COSTAS A. GIANNIKOS FOR MODERN TIMES S.A., 1, G. PAPANDREOU ST., 166 73 VOULA, ATHENS, GREECE
ΓΙΑ ΤΗΝ ΕΛΛΗΝΙΚΗ ΕΚΔΟΣΗ © 2010 MODERN TIMES A.E.E. • ISBN: 978-960-691-784-4 • ΜΑΪΟΣ 2010

ΕΚΔΟΤΗΣ: ΚΩΣΤΑΣ Α. ΓΙΑΝΝΙΚΟΣ

ΜΕΤΑΦΡΑΣΗ: ΚΙΚΗ ΚΙΤΣΟΥ • ΔΙΟΡΘΩΣΗ ΚΕΙΜΕΝΩΝ: ΜΑΡΙΝΑ ΣΤΑΜΕΛΟΥ, ΜΑΓΔΑ ΤΣΟΛΑΚΟΥ
ΔΗΜΙΟΥΡΓΙΚΟ: ΟΥΤΑ ΠΕΤΕΡΣ • ΥΠΕΥΘΥΝΟΣ ΠΑΡΑΓΩΓΗΣ: ΛΙΝΟΣ ΚΑΜΣΗΣ
ΠΑΡΑΓΩΓΗ: ΣΠΥΡΟΣ ΚΑΜΣΗΣ • ΕΚΤΥΠΩΣΗ – ΒΙΒΛΙΟΔΕΣΙΑ: ΤΥΠΟΕΚΔΟΤΙΚΗ Α.Ε.

ΕΚΔΟΣΕΙΣ ΜΟΝΤΕΡΝΟΙ ΚΑΙΡΟΙ Α.Ε.Ε., Γ. ΠΑΠΑΝΔΡΕΟΥ 1, 166 73 ΒΟΥΛΑ, ΑΘΗΝΑ, ΤΗΛ.: 210 96 59 904-5, FAX: 210 89 92 101

ΒΙΒΛΙΟΠΩΛΕΙΟ ΜΟΝΤΕΡΝΟΙ ΚΑΙΡΟΙ: ΣΤΟΑ ΣΠΥΡΟΜΗΛΙΟΥ, CITY LINK, ΣΥΝΤΑΓΜΑ, Τηλ.: 210 32 22 003-4
www.moderntimes.gr

Μια φορά κι έναν καιρό υπήρχε μια πόλη που λεγόταν Χάμελιν.

Το Χάμελιν ήταν μια πολύ όμορφη πόλη, αλλά είχε ένα μεγάλο πρόβλημα.

Αρουραίοι! Υπήρχαν παντού αρουραίοι!

Δάγκωναν τα μωρά.

Έτρωγαν το φαγητό.

Κάτι έπρεπε να γίνει.
Μια μέρα, ένας παράξενος
άντρας έφτασε στο Χάμελιν.

«Έχω ένα μαγικό αυλό»,
είπε ο άντρας.

«Μπορώ να διώξω όλα
τα ποντίκια».

«Πρώτα όμως πρέπει να με πληρώσετε», ανακοίνωσε ο αυλητής.

Οι κάτοικοι συμφώνησαν
να δώσουν στον αυλητή
τρία σακιά χρυσό.

Τότε, ο αυλητής άρχισε
να παίζει τον αυλό του.

Αμέσως, η μελωδία του μάγεψε τους αρουραίους και άρχισαν να τον ακολουθούν.

Χόρευαν στο ρυθμό του ώσπου έφτασαν στο ποτάμι και πνίγηκαν.

Οι αρουραίοι δεν ήρθαν ποτέ ξανά στο Χάμελιν και οι κάτοικοι ήταν πανευτυχείς!

Οι κάτοικοι όμως δεν
πλήρωσαν τον αυλητή,
όπως του είχαν υποσχεθεί.

Έτσι, ο αυλητής θύμωσε πολύ.

Και άρχισε να παίζει πάλι
τον αυλό του.

Η μελωδία του μάγεψε τα παιδιά, τα οποία τον ακολούθησαν.

Χόρεψαν στο ρυθμό του ώσπου έφτασαν σε ένα πανέμορφο βασίλειο στο βουνό. Μόνο ένα αγόρι δεν μπορούσε να συνεχίσει.

Τα παιδιά δεν εμφανίστηκαν ποτέ ξανά στο χωριό.
και από τότε οι κάτοικοι κρατούσαν πάντα τις υποσχέσεις τους.

Αρχίζω να διαβάζω

ΤΟ ΑΣΧΗΜΟΠΑΠΟ

ΧΑΝΣΕΛ ΚΑΙ ΓΚΡΕΤΕΛ

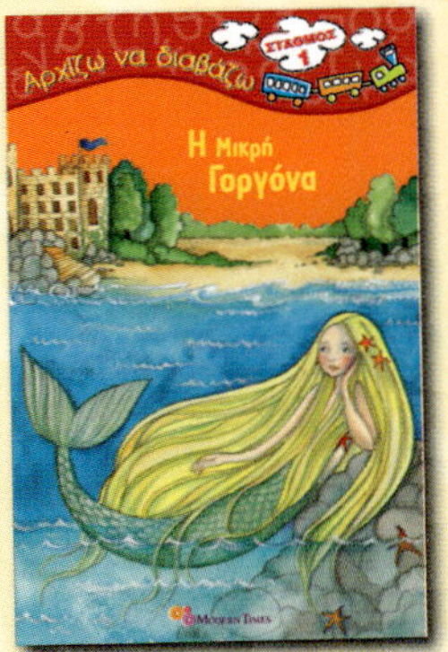

Η ΜΙΚΡΗ ΓΟΡΓΟΝΑ

ΤΑ ΤΡΙΑ ΚΑΤΣΙΚΑΚΙΑ

Ο ΜΑΓΙΚΟΣ ΑΥΛΟΣ

Ο ΠΑΠΟΥΤΣΩΜΕΝΟΣ ΓΑΤΟΣ

Η ΠΡΙΓΚΙΠΙΣΣΑ ΚΑΙ ΤΟ ΜΠΙΖΕΛΙ

ΤΑ ΚΑΙΝΟΥΡΙΑ ΡΟΥΧΑ ΤΟΥ ΑΥΤΟΚΡΑΤΟΡΑ

Τα παιδιά μέσα από τις περιπέτειες των αγαπημένων ηρώων τους αρχίζουν να διαβάζουν. Με το *Ασχημόπαπο*, τον *Παπουτσωμένο Γάτο*, τη *Ραπουνζέλ* και τα υπόλοιπα βιβλία της σειράς, τα παιδιά περνούν τον ελεύθερο χρόνο τους ευχάριστα και δημιουργικά.